Schott Piano Classics

Wolfgang Amadeus Mozart
1756 – 1791

6 Wiener Sonatinen

6 Viennese Sonatinas
6 Sonatinas viennoises

für Klavier
for Piano
pour Piano

Herausgegeben von / Edited by / Editées par
Monika Twelsiek

ED 9021
ISMN 979-0-001-12311-2

www.schott-music.com

Mainz · London · Berlin · Madrid · New York · Paris · Prague · Tokyo · Toronto
© 1998/2008 SCHOTT MUSIC GmbH & Co. KG, Mainz · Printed in Germany

Covergestaltung: H. J. Kropp
unter Verwendung des Gemäldes
„Mozart am Klavier"
von Joseph Lange (1789)
Mozart-Museum der
Stiftung Mozarteum, Salzburg
Archiv für Kunst und Geschichte, Berlin

Vorwort

Um 1783–1785 schrieb Mozart für seinen Freundeskreis in Wien die fünf *Divertimenti* für 2 Bassetthörner (oder Klarinetten) und Fagott (oder für 3 Bassetthörner) KV 439b. Es existiert kein Autograph, aber Konstanze Mozart bezieht sich mit großer Sicherheit auf diese Werke ihres Mannes, wenn sie in einem Brief vom 31. Mai 1800 an den Verleger André schreibt: „Stadler [...] hat noch unbekannte Trio's für Bassetthörner in Copie. Er behauptet, daß ihm sein Coffre, worin diese Sachen waren, im Reich gestohlen worden sind." Eine erste Ausgabe der dreistimmigen Fassung erschien – zusammen mit einer um zwei Hörner erweiterten fünfstimmigen Ausgabe – um 1803.

Etwa zeitgleich entsteht eine Bearbeitung für Klavier zu zwei Händen, die die Satzfolge der fünf Divertimenti zu sechs *Wiener Sonatinen* neu zusammenstellt (erschienen bei Artaria, Wien 1803). Der Bearbeiter (möglicherweise Ferdinand Kauer) verfährt dabei auf höchst eigenwillige Weise: Aus der gemeinsamen Grundtonart B-dur der Divertimenti, vielleicht auch aus deren launigem Charakter leitet er eine Austauschbarkeit der Sätze und ihrer Teile ab, die er in den Sonatinen völlig neu kombiniert. An die Stelle der tänzerisch-spielerischen Idee des Divertimento tritt die strengere Viersätzigkeit der klassischen Sonate. Durch Transposition in je eine eigene Tonart (C-Dur, A-Dur, D-Dur, B-Dur, F-Dur, C-Dur) wird die neue Ordnung gefestigt, jede Sonatine erhält ihr eigenes tonales Gesicht. Einzelne Sätze erscheinen gestrafft, die Original-Stimmführung wird durch eine „klavieristische" ersetzt. Spiegeln die Werke auch mit jeder Note Mozartschen Geist, so gewinnen sie in dieser Bearbeitung doch ein besonderes Gepräge.

Die im 20. Jahrhundert erschienenen Ausgaben von Rehberg (Schott) und Rowley (Peters) gehen auf einen Nachdruck der zeitgenössischen Bearbeitung zurück, der viele willkürliche Änderungen enthält. Die jüngste – lobenswert kritische – Ausgabe von Hans Kann in der Universal Edition basiert dagegen auf dem Erstdruck der Bearbeitung und der Partitur der Bläser-Divertimenti. Der Versuch, eine wissenschaftlich fundierte Synthese beider Texte mit einer klanglich und spieltechnisch überzeugenden Version zu verbinden, gelingt aber auch hier nicht ganz: Die unmittelbare Übertragung der Bläserartikulation auf den Klaviersatz führt zu klanglich unbefriedigenden Ergebnissen. Eine Begleitstimme im Fagott z. B. unterliegt anderen Bedingungen als die linke Hand im Klavier. Oktavierungen, große Sprünge in den Begleitfiguren und Austerzungen schneller Passagen mögen dem ursprünglichen Text nahe sein, für den pianistischen Bewegungsablauf sind sie sperrig und beschweren den Klaviersatz unnötig.

Unserer Neuausgabe liegen folgende Prinzipien zugrunde:

- Die dynamischen Angaben folgen im wesentlichen der Partitur der Bläser-Divertimenti.
- Die Artikulation der Bläser wurde im Interesse von Klanglichkeit und Spielbarkeit in eine pianistische übersetzt.
- Im Konflikt zwischen „Texttreue" (wobei ein Urtext im strengen Sinne nicht existiert) und Klangbild fiel die Entscheidung oft zugunsten von Spielbarkeit und klanglicher Phantasie. Im Idealfall kommt man damit der originalen Absicht des Komponisten vielleicht sogar näher: Die Idee beispielsweise, den Klaviersatz enger zu legen, wird durch die These von Michael Whewell gestützt, der vermutet, daß die Divertimenti ursprünglich für 3 Bassetthörner geschrieben wurden. Auch er hat die Fagottstimme teilweise höher gelegt, so daß der dreistimmige Tonsatz ausgeglichener wirkt (vergl. M. Whewell, Mozart's Bassethorn Trios, Musical Times London, No.1427, vol. 103, Jan. 1962).
- Die schlichten Tempo- und Satzbezeichnungen sind die der Bläserdivertimenti.
- Auf Metronomvorschläge wurde im Sinne einer lebendigen und individuellen Interpretation verzichtet.

Mozarts *Wiener Sonatinen* in ihrer Besonderheit lebendig werden zu lassen, erfordert ein hohes Maß an klanglicher Sensibilität, musikalischer Intelligenz und technisch-physiologischer Phantasie. Möge diese Ausgabe zu neuer theoretischer und interpretatorischer Auseinandersetzung anregen.

Monika Twelsiek

Preface

Mozart probably wrote the five *Divertimenti* for two basset horns and bassoon (or for three basset horns) K 439 b during the period 1783–85 for his circle of friends in Vienna. No autograph exists, but we can be certain that Konstanze Mozart was referring to this work by her husband when in a letter to the publisher André dated 31 May 1800 she wrote: 'Stadler [...] has copies of trios for basset horns that nobody knows as yet. He claims that the trunk with these things in it was stolen while he was travelling to Germany.' A first edition of the three-part version was published around 1803, along with a five-part version produced by adding two horns.

At about the same time a version for solo piano was made which rearranged the movements of the five Divertimenti as six *Wiener Sonatinen* ('Viennese Sonatinas'); these were published by Artaria in Vienna in 1803. The arranger (possibly Ferdinand Kauer) proceeded in a most high-handed manner. The fact that the Divertimenti had a common basic key, viz. B flat major (and perhaps also their whimsical character) led him to conclude that movements and parts of movements were interchangeable. He accordingly recombined them in completely new ways in the sonatinas. He replaced the playful dance-like conception of the Divertimento form with the stricter four-movement form of the classical sonata. The reordering of movements is underpinned by giving the sonatinas different keys (C major, A major, D major, B flat major, F major, C major). Each sonatina thereby acquires its own tonal colour. Individual movements are tightened up and the original writing for the separate parts is replaced by a more pianistic style. The works still breathe the spirit of Mozart in every note, but in these arrangements they also take on a particular stamp of their own.

The twentieth-century editions by Rehberg (Schott) and Rowley (Peters) are based on a later edition of the arrangement which contains many arbitrary alterations. In contrast, the most recent (commendably scholarly) edition by Hans Kann in the Universal Edition is based on the first edition of the arrangement and the score of the wind Divertimenti. However this attempt to combine a scholarly synthesis of the two texts with a version that is both musically and technically convincing, is not entirely successful. The straightforward transfer of the wind writing to the piano produces results which are unsatisfactory to the ear. For example, an accompanying part for bassoon is subject to different parameters from those of the pianist's left hand. The octaves, the large leaps in the accompanying figures and the fast passages in thirds may be close to the original text, but for the pianist in performance they are clumsy and make the writing unnecessarily difficult.

The present new edition is based on the following principles:
- Dynamic indications are for the most part as in the score of the wind Divertimenti.
- The wind parts have been re-written in pianistic terms with a view to musicality and technical feasibility.
- Where fidelity to the text (given that there is, strictly speaking, no original text) came into conflict with musical considerations, the decision was often taken in favour of technical feasibility and musicality. Ideally this might perhaps even bring the music closer to the composer's original intentions. For example, the idea of writing for the piano in closer harmony is supported by Michael Whewell's thesis that the Divertimenti were originally written for three basset horns. He too transposes the bassoon part to a higher pitch in places in order to give a more balanced effect to the three-part writing (cf. M. Whewell, 'Mozart's basset horn Trios'. *Musical Times*, London, No. 1427, vol. 103, Jan 1962.)
- The simple indications of tempo and movement headings are those of the wind Divertimenti.
- No metronome markings are given, so as to allow for a personal interpretation by the individual performer.

A high level of musical sensitivity and intelligence along with a strong and imaginative technique is needed to do justice to Mozart's *Viennese Sonatinas* with their particular quality. It is hoped that this edition may encourage performers to take a fresh theoretical and interpretative look at them.

Monika Twelsiek
Translation Susan Jenkinson

Préface

Mozart écrivit les cinq *Divertimenti* pour 2 cors de basset et basson (ou pour 3 cors de basset) KV 439b entre 1783 et 1785 pour son cercle d'amis de Vienne. Il n'en existe pas d'autographe, mais c'est très probablement à ces oeuvres de son mari que Konstanze Mozart fait allusion dans sa lettre du 31 mai 1800 à l'éditeur André: «Stadler [...] a encore des trios inconnus pour cors de basset en copie. Il prétend que son coffre où se trouvait ces choses lui a été volé dans l'Empire.» Une première édition de la version à trois parties parut cn 1803, en même temps qu'une édition à cinq parties avec 2 cors supplémentaires.

C'est à peu près en même temps qu'une adaptation pour piano à deux mains voit le jour, adaptation qui réunit la suite des mouvements des cinq Divertimenti en six *Sonatines viennoises* (parue chez Artaria à Vienne en 1803). Ce faisant, l'adaptateur (il se peut qu'il s'agisse de Ferdinand Kauer) procède de manière extrêmement singulière. Il déduit de la tonalité de base commune en si bémol majeur des Divertimenti, et peut-être aussi de leur caractère divertissant, que les mouvements et leurs parties sont interchangeables, et combine ceux-ci en des sonatines entièrement nouvelles. L'idée dansante et enjouée du divertimento fait place à la structure sévère en quatre mouvements de la sonate classique. La transposition à une tonalité respective propre (ut majeur, la majeur, ré majeur, si bémol majeur, fa majeur, ut majeur) contribue à conforter cet ordre nouveau, chaque sonate recevant ainsi son visage tonal propre. Certains mouvements apparaissent plus succincts, la conduite des parties d'origine est remplacée par une conduite «pianistique». Quoique ces oeuvres reflètent en chaque note l'esprit de Mozart, l'adaptation leur confère une empreinte toute particulière.

Les éditions parues au XXème siècle, de Rehberg (Schott) et Rowley (Peters), sont basées sur une réimpression de l'adaptation de l'époque, qui comprend de nombreuses modifications arbitraires. L'édition la plus récente – critique, il faut le saluer – de Hans Kann, aux Universal Edition, repose, par contre, sur la première impression de l'adaptation et de la partition des Divertimenti pour vents. Mais ici encore, on ne parvient pas totalement à relier une synthèse scientifiquement fondée des deux textes à une version convaincante sur le plan de la sonorité et de la technique d'interprétation: la transcription immédiate de l'articulation des vents au piano conduit à des résultats peu satisfaisants sur le plan sonore: un accompagnement au basson est soumis à d'autres lois que la main gauche du piano. Il est possible que les octaviations, les grand sauts dans les figures d'accompagnement et les redoublements à la tierce des passages rapides soient proches du texte d'origine, mais ils sont encombrants pour le déroulement du mouvement pianistique et constituent une difficulté inutile au niveau de l'écriture pianistique.

La présente nouvelle édition est soumise aux principes suivants:
- Les indications dynamiques suivent pour l'essentiel la partition des Divertimenti pour vents.
- L'articulation des vents a été traduite dans une articulation pianistique, dans l'intérêt de la sonorité et de la facilité d'interprétation.
- Au niveau du conflit entre la «fidélité au texte» (le «Urtext» n'existant pas au sens strict du terme) et la sonorité, la décision a souvent été prise en faveur de la facilité d'interprétation et de la fantaisie sonore. Dans le meilleur des cas, ceci permet peut-être même une approche plus exacte de l'intention d'origine du compositeur: l'idée d'un resserrement de l'écriture pianistique, par exemple, est soutenue par la théorie de Michael Whewell, qui suppose que les Divertimenti furent écrits au départ pour 3 cors de basset. C'est également lui qui a rehaussé pour une part la partie du basson, de sorte que la composition à trois parties semble plus équilibrée (cf. M. Whewell, Mozart's Bassethorn Trios, Musical Times London, N° 1427, vol. 103, jan. 1962).
- Les indications de tempo et de mouvement sont celles des Divertimenti pour vents.
- Pour une interprétation vivante et individuelle, il a été renoncé à des propositions métronomiques.

Faire vivre les *Sonatines viennoises* de Mozart dans toute leur particularité exige une sensibilité sonore de haut niveau, une grande intelligence musicale et une grande imagination technique et physiologique. Nous espérons que la présente édition saura inciter à un regard théorique et à une interprétation nouveaux.

Monika Twelsiek
Traduction Martine Paulauskas

Inhalt / Contents / Contenu

6 Wiener Sonatinen

Wolfgang Amadeus Mozart
1756-1791
KV 439ᵇ

I

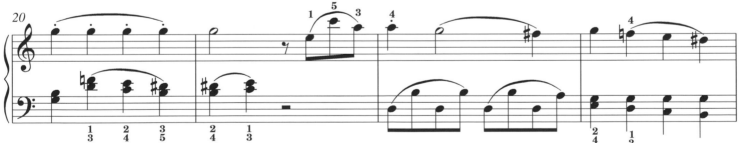

*) leichter / easier:

© 1998 Schott Music GmbH & Co. KG, Mainz

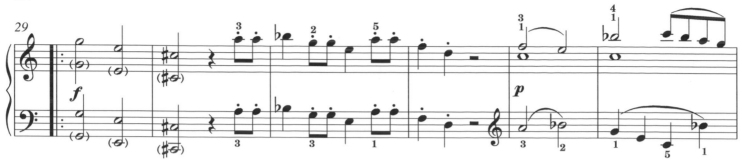

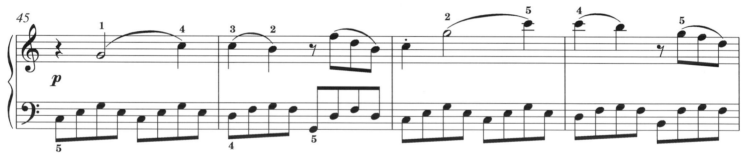

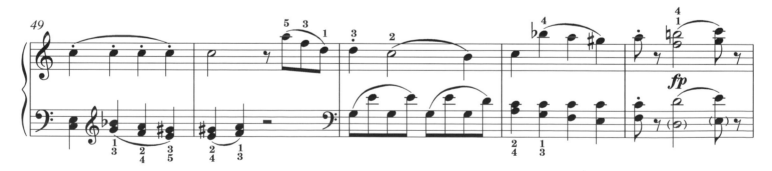

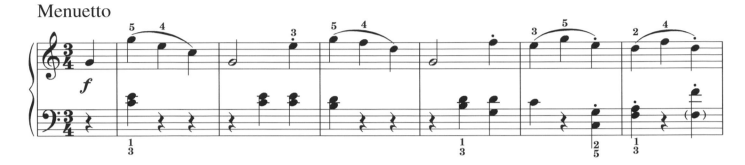

Menuetto

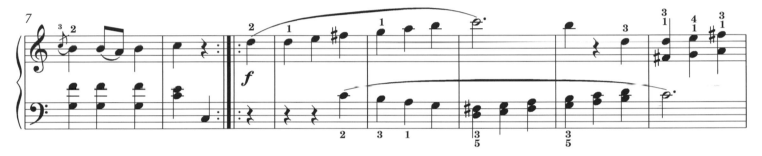

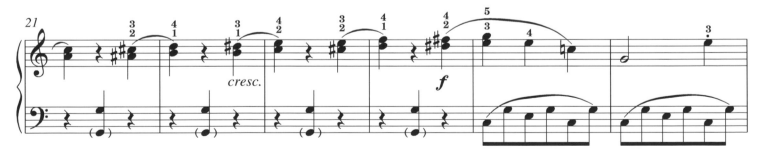

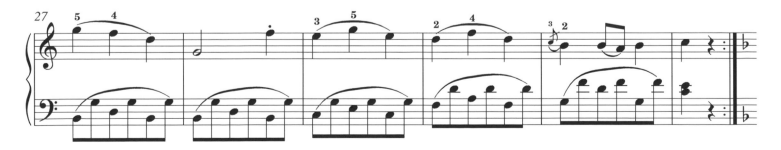

Trio

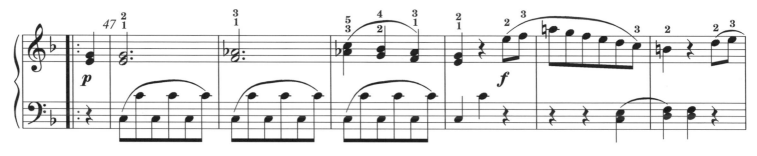

[dim.]

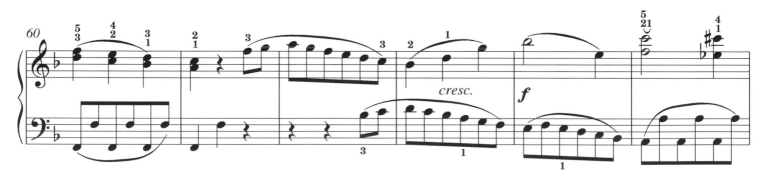

cresc.

Menuetto da capo

Adagio

Allegro

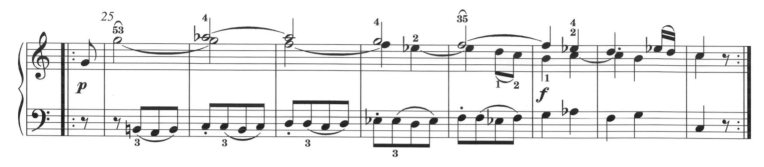

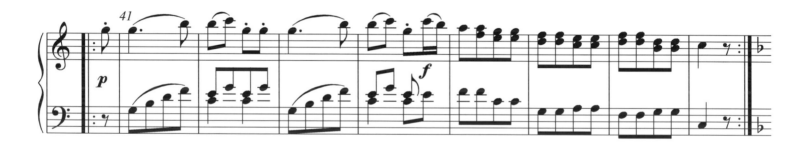

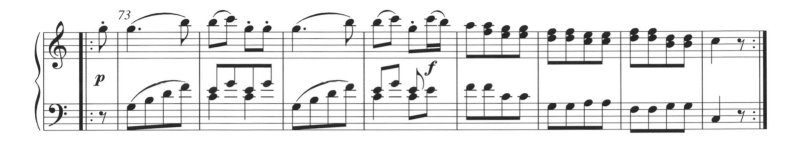

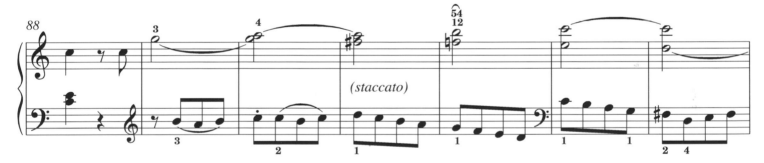

II

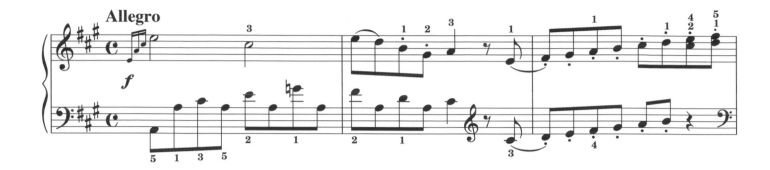

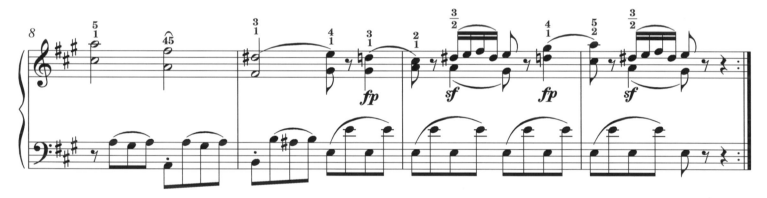

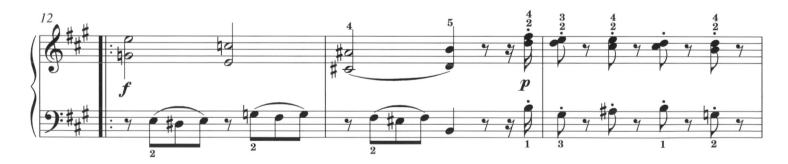

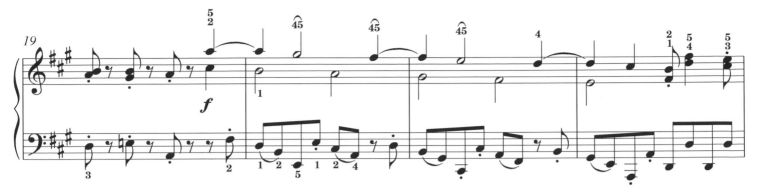

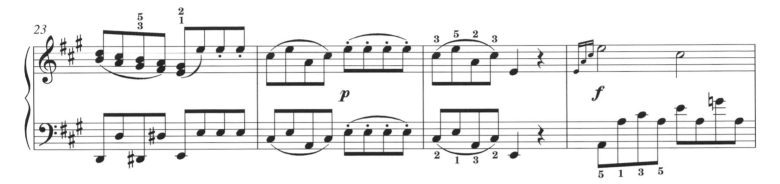

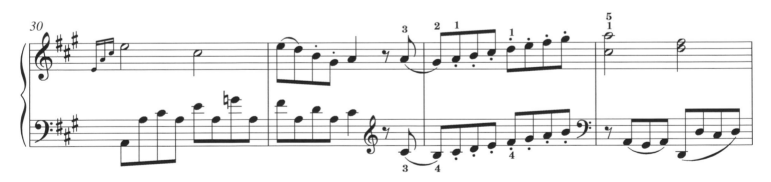

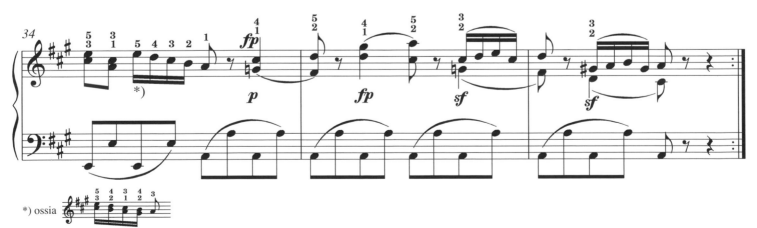

*) ossia

Menuetto

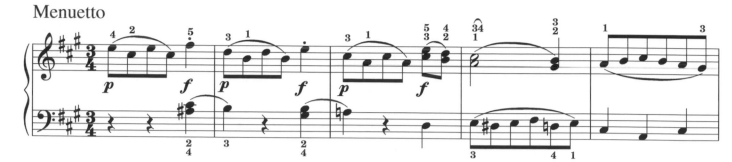

Trio

Menuetto da capo

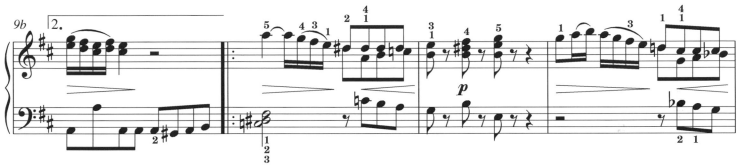

*) Ausführung / Realisation:

Rondo

Allegro

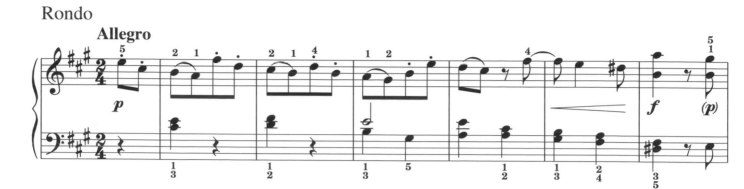

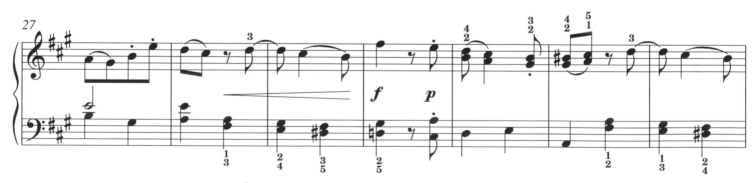

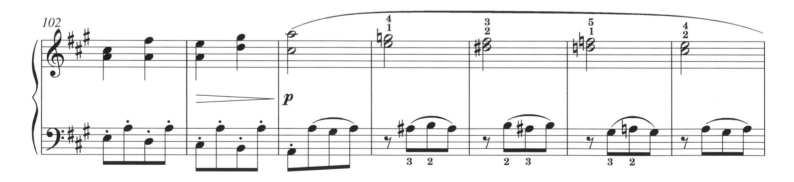

III

Adagio

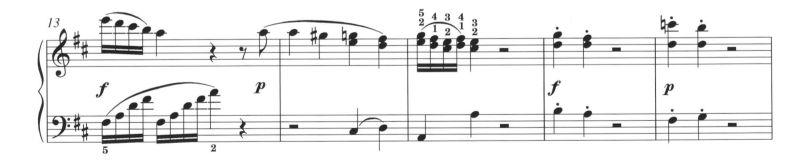

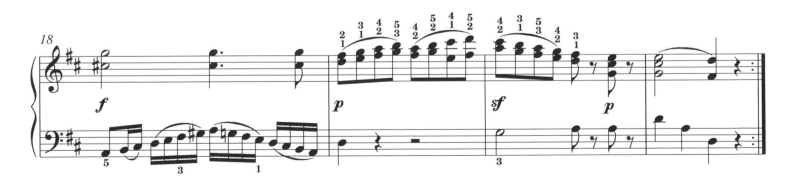

Menuetto

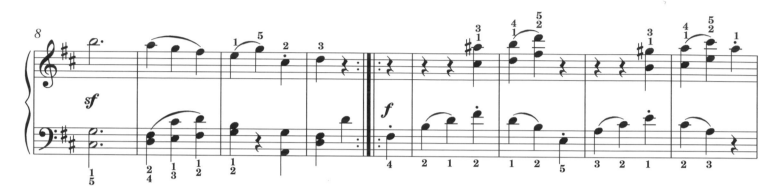

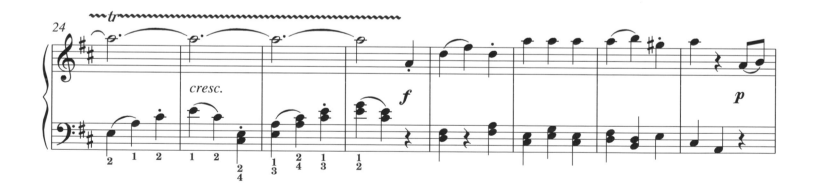

Trio

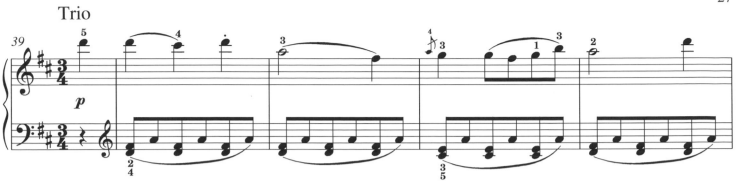

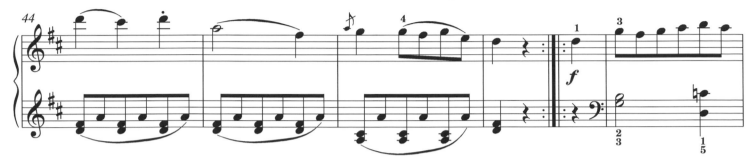

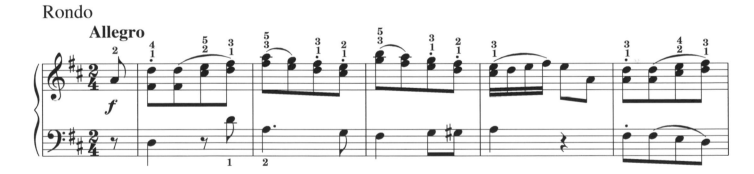

Menuetto da capo

Rondo

Allegro

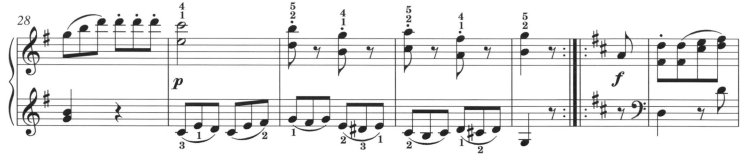

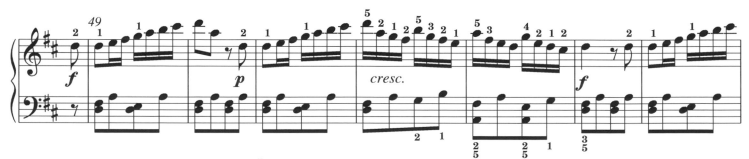

IV

Romance
Andante

*) ossia

**) Ausführung / Realisation:

Menuetto

Trio

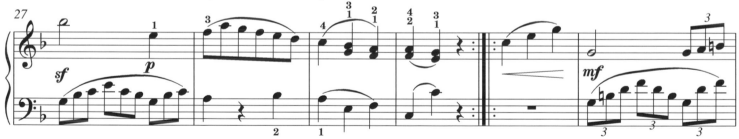

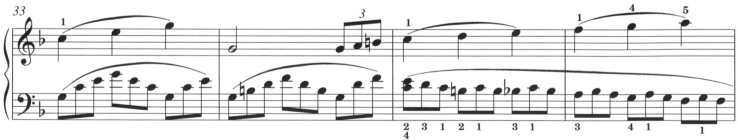

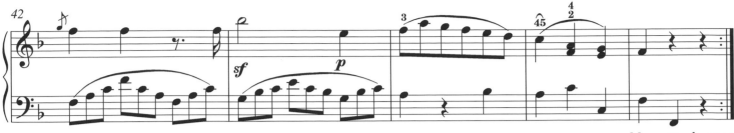

Menuetto da capo

Rondo
Allegro

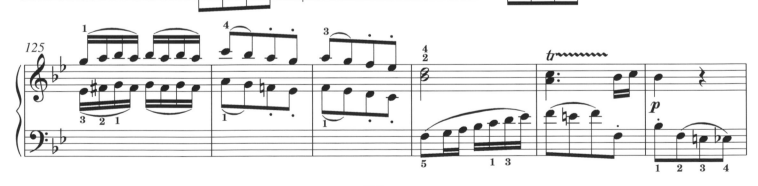

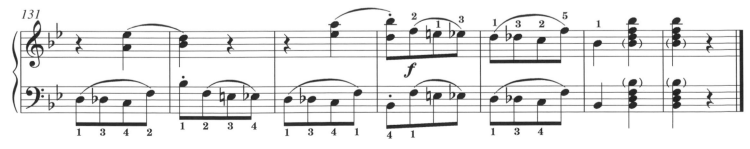

34

V

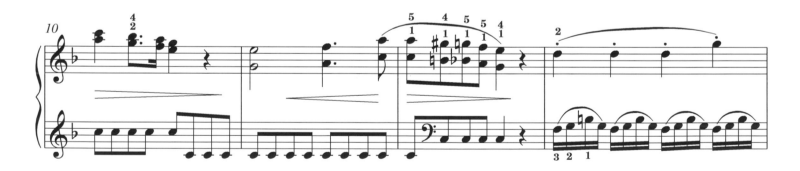

Menuetto

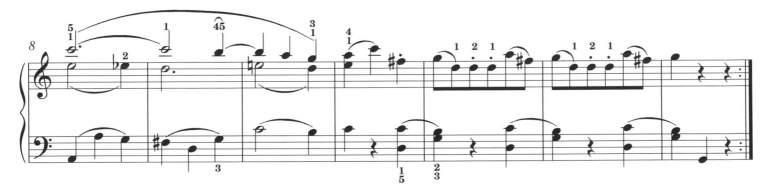

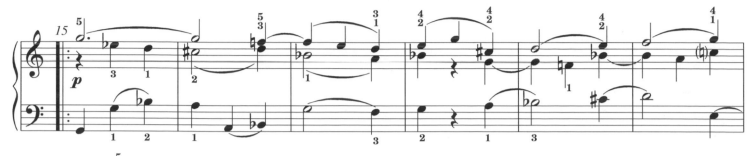

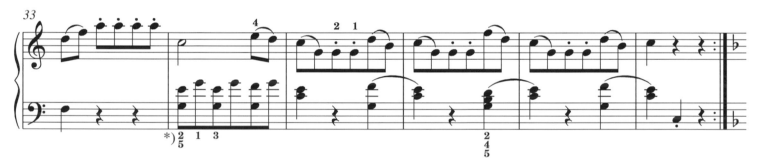

Trio

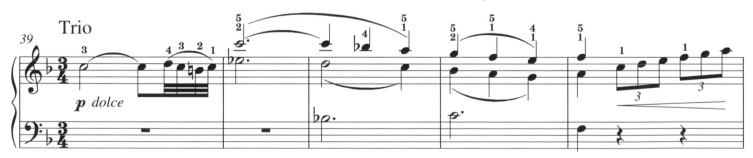

*) leichter / easier:

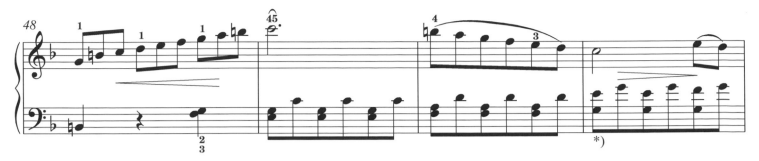

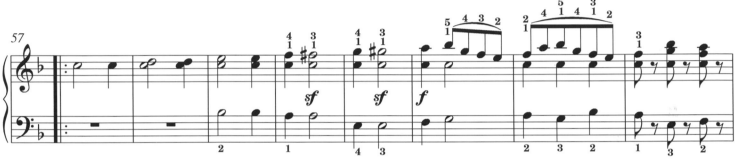

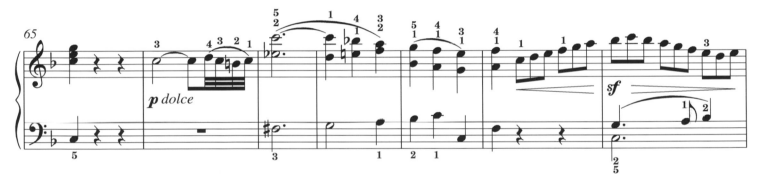

Menuetto da capo

*) leichter / easier:

Polonaise

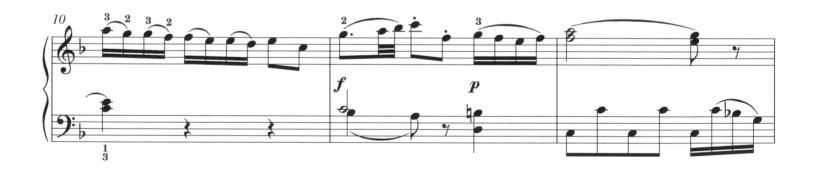

VI

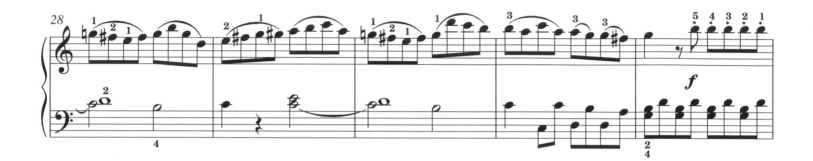

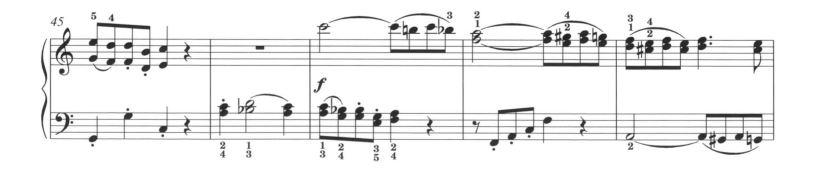

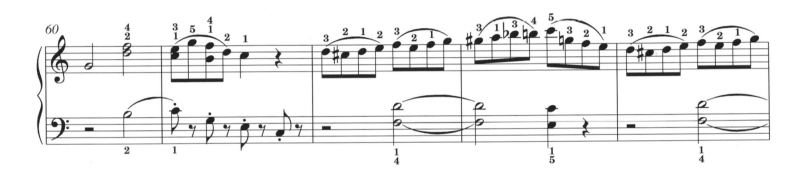

Menuetto

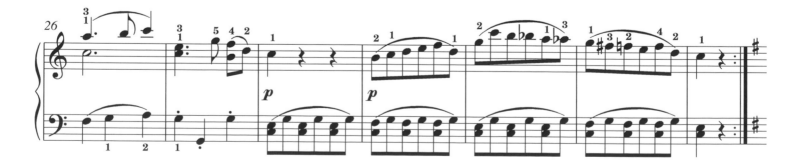

Trio

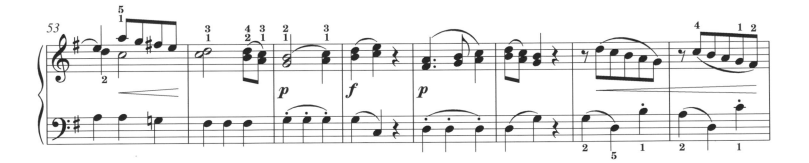

Menuetto da capo

Adagio

Allegro

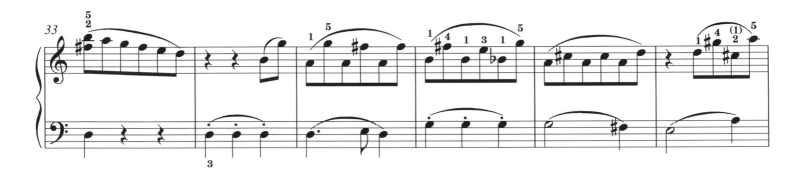

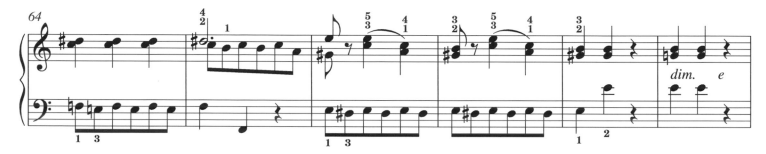

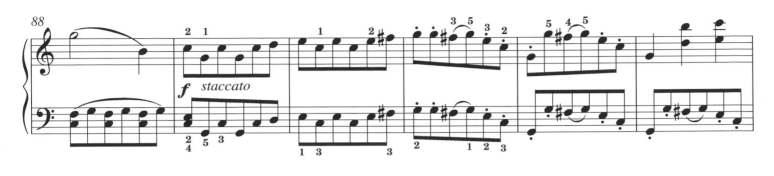

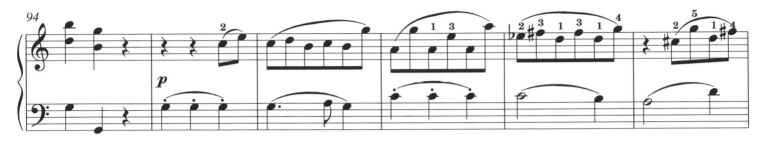

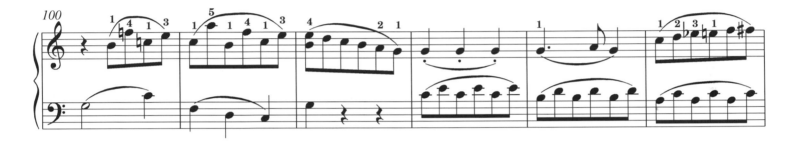

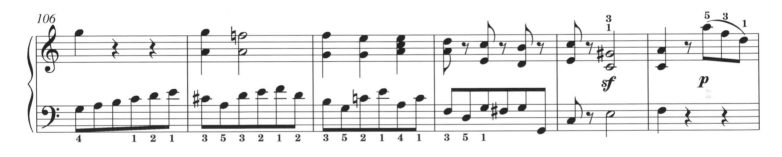

Schott Music, Mainz 49 231